BEI GRIN MACHT SICH IHR WISSEN BEZAHLT

- Wir veröffentlichen Ihre Hausarbeit, Bachelor- und Masterarbeit

- Ihr eigenes eBook und Buch - weltweit in allen wichtigen Shops

- Verdienen Sie an jedem Verkauf

Jetzt bei www.GRIN.com hochladen und kostenlos publizieren

Matthias Lenssen

Der aktive Rezipient

Illusion, Realität oder Wunschvorstellung

GRIN Verlag

Bibliografische Information der Deutschen Nationalbibliothek:

Die Deutsche Bibliothek verzeichnet diese Publikation in der Deutschen National-
bibliografie; detaillierte bibliografische Daten sind im Internet über http://dnb.d-
nb.de/ abrufbar.

Impressum:

Copyright © 2004 GRIN Verlag GmbH
Druck und Bindung: Books on Demand GmbH, Norderstedt Germany
ISBN: 978-3-640-25543-6

Dieses Buch bei GRIN:

http://www.grin.com/de/e-book/121692/der-aktive-rezipient

GRIN - Your knowledge has value

Der GRIN Verlag publiziert seit 1998 wissenschaftliche Arbeiten von Studenten, Hochschullehrern und anderen Akademikern als eBook und gedrucktes Buch. Die Verlagswebsite www.grin.com ist die ideale Plattform zur Veröffentlichung von Hausarbeiten, Abschlussarbeiten, wissenschaftlichen Aufsätzen, Dissertationen und Fachbüchern.

Besuchen Sie uns im Internet:

http://www.grin.com/

http://www.facebook.com/grincom

http://www.twitter.com/grin_com

RWTH Aachen - Proseminar Medientheorie SS 2003

Dezember 2004
Vorgelegt als Hausarbeit im Proseminar Medientheorie

Matthias Lenssen

Der aktive Rezipient. Illusion, Realität oder Wunschvorstellung?

Inhaltsangabe

Der aktive Rezipient. Illusion, Realität oder Wunschvorstellung?

## 1.	Einleitung

Mediennutzung ist im modernen Alltag unumgänglich. Im Informationszeitalter kann sich niemand mehr dem Einfluss der führenden technischen Medien, allen voran dem Fernsehen und dem Internet, entziehen. Es ist also wichtig, vernünftig mit der wahren Flut an Inhalten umzugehen zu können. Wie werden Medien überhaupt genutzt? Welche Rolle spielt der Rezipient? Inwiefern kann man von einer Aktivität beim Mediennutzer sprechen? Das sind alles zentrale Fragen der publikumsorientierten Wirkungsforschung, die in dieser Arbeit untersucht werden sollen. Im Folgenden wird der Begriff der Publikumsaktivität erläutert und ein allgemeines Bild vom aktiven Publikum erstellt. Speziell am Beispiel des Fernsehens werden die Einblicke in das breite Feld vertieft. Im kontextuellen Rahmen wird ein kurzer Überblick über die Entwicklung der Fernsehrezeption und der Videotechnik mit Augenmerk auf den Zuschauer gegeben. Im Weiteren wird genauer auf das Phänomen des „Zappings" eingegangen, mit dem sich der Medienwissenschaftler Hartmut Winkler näher beschäftigt hat.

## 2.	Allgemeine Ansätze der publikumsorientierten Wirkungsforschung

Was wird bei der publikumsorientierten Wirkungsforschung eigentlich untersucht? Einfach gesagt, geht um die Wirkung von Medien auf den Rezipienten und deren Beteiligung am Kommunikationsprozess. Um den Grad der Aktivität von Rezipienten ermitteln zu können, ist es notwendig, erst einmal den Rezipienten als solchen genauer zu charakterisieren. Der Rezipient ist stets Adressat für eine Botschaft oder einen Inhalt. Dieser wird mittels eines Mediums vom Kommunikator an den Rezipienten übertragen. Im günstigsten Fall, bei welchem des Medium die Sprache ist, der face-to-face Kommunikation, hat der Rezipient die Möglichkeit einer Rückkopplung, bzw. eines Feedbacks.

Bei den meisten modernen Medien ist dies nicht mehr direkt möglich. Das Medium steht zwischen Kommunikator und Rezipient und lässt nur eine einseitige Kommunikation zu, da keine wechselseitige Bezugnahme stattfindet. „Interaktion wird durch die Zwischenschaltung von Technik ausgeschlossen" (Jäckel 1999, S. 46). An dieser Stelle kann man nun die Frage formulieren, ob der Rezipient durch diese „Abschottung" vom Sender zur Passivität gezwungen wird? Diese Frage hat im Laufe der Zeit einige Entwicklungsphasen der publikumsorientierten Wirkungsforschung veranlasst.

2.1   Stimulus-Response-Modell

Zuerst gab es das Konzept der Wirkungshypothese: Massenmedienangebote (*stimuli*) stimulieren den Rezipienten und rufen eine spezifische Wirkung (*response*) hervor. Der Kommunikationsprozess findet im Kopf der Adressaten statt und „strukturiert deren Bewusstsein". (vgl. Hickethier 2003, S.175)

Abbildung 2.7   Die Grundstruktur des Stimulus-Response-Modells

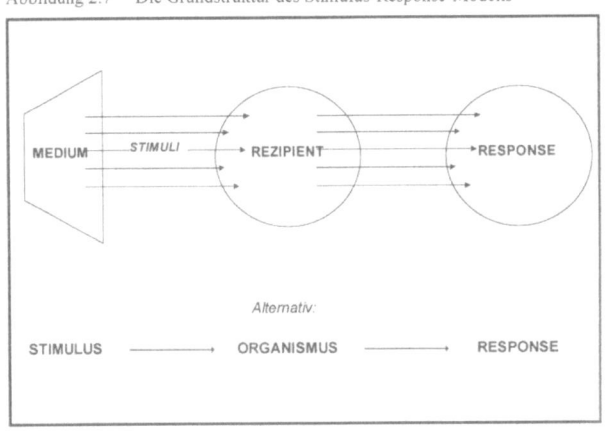

Quelle: Eigene Erstellung in Anlehnung an Merten 1994b, S. 295 und McQuail 1994, S. 338

Dieses Stimulus-Response-Modell (aus Jäckel 1999, S. 60) setzt sich aus einfachen Annahmen zusammen. Erstens, die Stimuli wirken direkt auf den Rezipienten ein und wirken zudem auf alle Rezipienten weitestgehend gleich. Daraus folgt, dass gleiche oder ähnliche Reaktionen beim Rezipienten erfolgen. Botschaft und „die Richtung des Effekts eines Stimulus werden gleichgesetzt" (Jäckel 1999, S. 61). Außerdem werden die Rezipienten als „undifferenzierte Masse gesehen". (Jäckel 1999, S. 61) Warum dieses Modell anfänglich so populär war, stützt sich auf drei Punkte: Es korrespondierte mit dominierenden Annahmen über die menschliche Natur und mit Vorstellungen über die Verfassung moderner Gesellschaften. Außerdem wurde es durch eine politische und soziale

4

Konfliktlage getragen, in der der Einsatz von Kommunikation für Propagandazwecke vorherrschte. (vgl. Jäckel 1999, S. 61)

2.2 Use-and-gratification-approach

Das Modell wurde jedoch in den 1970er Jahren abgelöst vom „Nutzenansatz" (*use-and-gratification-approach* = sinngemäß übersetzt soviel wie Gebrauch und freiwillige Sonderzuwendung) in welchem der Rezipient eine aktive Position erhält. Die verschiedenen Formen der Aktivität werden differenziert aufgezeigt:

- Jede Rezeption ist eine kognitive Tätigkeit, die eine aktive Leistung des Gehirns zur Folge hat.
- Jede Bedeutungsherstellung (beispielsweise bei der Betrachtung eines einzelnen Bildes) ist ein aktiver Prozess.
- Die Zuwendung zum Medium selbst ist eine aktive Handlung.
- Nach der Rezeption kann es zu aktiven Handlungen kommen, die durch die Rezeption ausgelöst werden.

Es findet also ein komplexer Wahrnehmungsprozess statt, bei dem der Rezipient einen hohen Grad an Aktivität aufweist. (vgl. Hickethier 2003, S. 175) Die bis dahin vorherrschende Frage „Was machen die Medien mit den Menschen?" wurde abgelöst von der Frage „Was machen die Menschen mit den Medien?" (vgl. Jäckel 1999, S. 69) In alle zukünftigen Untersuchungen werden fortan „intrapersonale und interpersonale Einflussvariablen" (Jäckel 1999, S. 65), also eine Vielzahl von selektiven Faktoren mit einbezogen, die so genannten „*mediating factors*":

- *selective exposure*: beschreibt die Selektion des Rezipienten. Er vermeidet unsympathische Kommunikation, d.h. wählt nur Inhalte die er mag
- *selective perception*: beschreibt das Phänomen Inhalte umzudeuten, d.h. der Rezipient nimmt selektiv wahr je nach Interesse, Relevanz und Betroffenheit
- *selective retention*: heißt soviel wie „selektives Behalten", gemeint ist die Eigenschaft von Rezipienten nur Inhalte zu verinnerlichen, die er für richtig oder gut hält (Wechselbeziehung zur *selective perception*)

5

- Gruppenzugehörigkeit und Gruppennormen: Inwieweit ein Rezipient bestimmte Inhalte aufnimmt, hängt stark von seinem sozialen Umfeld ab bzw. von der Rezeptionssituation in der Gruppe (vgl. Klapper nach Jäckel 1999, S. 65 ff.)

Abbildung 3.1   Eine Erweiterung des Stimulus-Response-Modells

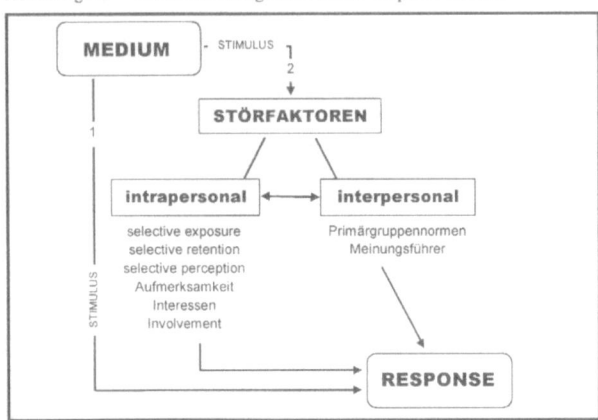

Quelle: Eigene Erstellung

Die Abbildung zeigt das erweiterte Stimulus-Response-Modell (Jäckel 1999, S. 67). Es wurde um die genannten Einflussfaktoren erweitert und zeigt die wesentlich stärker publikumszentrierten Ansätze der Forschung. Dem Publikum wird eine gewisse Eigendynamik, ein Selbstbewusstsein zugebilligt. Das Publikum bzw. die Rezipienten werden nicht länger als weitgehend passiv angesehen, die sich in einer potentiellen Opferrolle befinden und den Medienwirkungen mehr oder weniger schutzlos ausgeliefert sind. Der passive, einer Vielzahl von „Stimuli" ausgesetzte Rezipient gewinnt in dieser Perspektive eine aktive Komponente. Medieninhalte werden nun gezielt und motiviert vom aktiven Publikum ausgewählt. Eine Rolle spielen dabei individuelle Ziele, Interessen, Bedürfnisse, Werte, persönlichen Einstellungen. Außerdem beeinflusst der soziale Kontext die Auswahl unter den Medienangeboten. Das aktive Publikum wendet sich den Medien bewusst und zielgerichtet zu, um bestimmte Bedürfnisse, wie z.B. dem Wunsch nach Information, Unterhaltung oder der Flucht aus der Alltagswelt zu befriedigen. (vgl. Jäckel 1999, S. 69 ff)

3. Rezipientenaktivität am Beispiel Fernsehen

Das Fernsehen ist durch seine dominante Stellung wahrscheinlich das am meisten untersuchte Medium unserer Zeit. Im Weiteren wird die Rezipientenaktivität speziell am Beispiel des Fernsehens untersucht.

3.1 Wie war das damals? Geschichtliches zur Fernsehrezeption

Doch zunächst ein geschichtlicher Rückblick. Wie wurde das Medium Fernsehen kurz nach seiner Institutionalisierung betrachtet? Welche charakteristischen Eigenschaften hatten Produzenten und Rezipienten? Zeitgleich mit der Etablierung des Fernsehens in den deutschen Haushalten entwickelten sich kontroverse Debatten rund um das neue Medium. Wie schon bei der Einführung des Buches herrschte die Angst, der Zuschauer könne nicht mit der neuen Technik umgehen und würde ihr fortan hilflos ausgesetzt sein. Dem Rezipienten wurde keinerlei Kompetenz zugesprochen. Institutionen, wie die Kirche, führten eine Art Fernsehberatung ein und forderten die Leute auf, selbstständig zwischen den Angeboten zu selektieren. Dieses Bild vom „willenlosen Zuschauer" (nach Bartz in Kümmel, Scholz, Schuhmacher 2004, S. 202) prägte die erste Phase der Fernsehnutzung. Eine stark eingeschränkte Sendezeit wurde als Ideal festgesetzt, um der erwarteten Fernsehsucht entgegen zu wirken. Jegliche Entscheidungskompetenz lag also bei den Programmverantwortlichen, welche versuchten, eine künstliche Knappheit des Programmangebots aufrecht zu erhalten. Dies änderte sich erst, als die Angst vor propagandistischen Programminhalten aus der DDR zunahm. Der hilflose Zuschauer war ja außerstande, die „bösen" Programme von den „guten" zu unterscheiden. Also mussten mehr Sendungen her, um den Fremdeinfluss einzudämmen. Ein weiter wichtiger Faktor bei der Vergrößerung der Fernsehinhalte war die Geräteindustrie. Um den Absatz der vielen neuen Geräte sicher zu stellen, mussten neue, attraktivere Programme geschaffen werden. Der Aspekt der Unterhaltung kam auf. Erstmals war es möglich, ein riesiges Publikum anzusprechen, unabhängig von räumlicher Distanz und ökonomischen Aspekten. Eine schier unerschöpfliche Quelle für Unterhaltung, Belehrung und Information war geschaffen. Die Rolle des Rezipienten war jedoch weiterhin die des „dummen" Konsumenten, der wahllos alles in sich aufnimmt, ja sogar die niveaulosen Sendungen zu präferieren schient. Ihm wurde keinerlei aktive Handlung zugesprochen. Ein Kritiker dieser

Zeit war Günther Anders. Für ihn waren die Bilder im Fernsehen nichts anderes als Phantome. Der Mensch konsumiere Illusionen, die nichts mehr mit der Wirklichkeit zu tun hätten und bliebe dadurch unerfahren. Durch die „Fragmentierung der Wirklichkeitserfahrung" (Bartz in Kümmel, Scholz, Schuhmacher 2004, S. 213) könne kein Verstehensprozess mehr stattfinden. Als Fazit der Betrachtung des Zuschauers der 50er Jahre kann vielleicht ein Satz von Kernecke stehen: „Fernsehen macht dumm entweder aufgrund seiner Inhalte oder aufgrund der bereits bestehenden Unfähigkeit des Zuschauers, die richtigen Inhalte zu wählen". (Kernecke nach Bartz in Kümmel, Scholz, Schuhmacher 2004, S. 215, nach Kernecke) Die Technik entwickelte sich jedoch unaufhaltsam weiter und beginnt immer mehr vom Zuschauer zu fordern.

3.2   Entwicklung der Videotechnik als Steigerung der Rezipientenaktivität

Eine wichtige Erfindung in der Geschichte des Fernsehens war die Videotechnik, die in den 60er Jahren entwickelt wurde. Besonders durch deren Einführung waren gravierende Änderungen im Rezeptionsverhalten festzustellen. Das Bild eines neuen, selektiven und kritischen Zuschauers entstand, der nun über eine gesteigerte Kontrolle über seinen Fernsehkonsum verfügte. Erstmalig war es möglich, sich den zeitlichen Ablauf des Programms selbst einzuteilen bzw. bestimmte Inhalte zu überspringen, indem vorgespult werden konnte. Durch diese neu erworbene Unabhängigkeit von den Sendezeiten fand eine „Individualisierung des Kommunikationsprozesses statt" (Torsten Hahn/ Isabell Otto/ Nicolas Pethes 2004, S. 239). Durch die Erstellung eigener Programmvideotheken hatte der Zuschauer die Möglichkeit, seine ganz speziellen Interessen besser zu verfolgen. Das bis dahin eher passive, statische Medium Fernsehen wurde ergänzt durch den dynamischen Vorgang der Videospeicherung. Hierbei hatte der Rezipient einen großen Anteil an der Gestaltung seiner Programminhalte, war also in hohem Maße aktiv. Dies nahm den Programmdirektoren einen Teil ihrer Macht über den Rezipienten. (vgl. Torsten Hahn/ Isabell Otto/ Nicolas Pethes 2004, S. 225 ff.) Weitere Entwicklungen folgten. Die bahnbrechenste war mit Sicherheit die Fernbedienung, die zum Phänomen des Switchens führte.

3.3   Zapping – Die moderne Art des Fernsehens

Hartmut Winkler hat sich ausgiebig mit dem Phänomen des „Switching"
auseinandergesetzt und unter anderem in seinem Aufsatz „Switching: Die Installation der
Tagtraummaschine" festgehalten. Er geht gezielt auf die Wirkung beim Rezipienten ein und
entwirft ein detailliertes Bild von dessen Rezeptionsweise. Im Folgenden werden die
zentralen Thesen Winklers aufgeführt und sein Bild von der Tagtraummaschine erläutert.
Die meisten traditionellen Medien oktroyiertem dem Rezipienten eine eher passive Haltung
auf, allen voran das Fernsehen. Die Technologie folgte bestimmten Strukturen und
orientierte sich an gewissen Zielen. Eine geringfügig scheinende Entwicklung, die der
Erfindung der Fernbedienung, verändert nun das Verhalten der Rezipienten drastisch.
Dadurch, dass der Zuschauer die Möglichkeit hat, nach belieben das Programm zu
wechseln, entsteht eine völlig neue Art der Rezeption. Winkler bezeichnet diese Form des
Fernsehkonsums als „Switching". Hierbei wechselt der Rezipient an einem Fernsehabend
oftmals das Programm, sieht teilweise Sendungen parallel. Selten werden Sendungen von
Anfang bis Ende angeschaut. Der Zuschauer, bis dahin „Adressat vorfabrizierter
Botschaften" (Winkler, S. 5), entwickelt neue Rezeptionsweisen.
Winkler stellt die zentrale These auf, dass das Switching die geschlossenen Sinneinheiten
einer Sendung zerstört. Ausgehend von dieser These wird im Weiteren erläutert, was genau
beim „Zappen" passiert und was der Rezipient dabei für eine Rolle spielt. Zweifellos
verlieren Sendungen Teile ihres Inhaltes, wenn der Zuschauer immer wieder wegschaltet,
um zwischendurch eine andere Sendung zu verfolgen. Nicht jede Art von Sinn wird
zerstört, da sich Fernsehsendungen aus komplexen Strukturen zusammensetzen. Jedes Bild
ist in der Lage, Sinn zu transportieren. Winkler spricht von der Zerstörung des „linearen
Sinns" (Winkler, S. 5) Das Umschalten erfolgt teilweise so willkürlich, dass kaum noch
von Sinnproduktion aus der Sicht der Programmdirektoren gesprochen werden kann. Die
Frage, die aufgeworfen wird, lautet: Was veranlasst den Zuschauer zu switchen? Was ist
der Ersatz, den der Rezipient für den Verzicht des Sinns erhält? Um diese Frage zu klären,
beleuchtet Winkler die Rolle des Zuschauers noch etwas genauer. Als „Adressat eines
Monologs" von „Bildern" (Winkler, S. 6) ist der Rezipient dem Medium hilflos
ausgeliefert. Eine Flut von Bildern und Informationen strömt auf ihn ein. Es wird keine
Rücksicht auf den individuellen Gemütszustand, auf Interessen, bzw. sozialen Stand
genommen. Die vielen „Klischees und Standardisierungen" (Winkler, S. 6) überfordern den

Geist einfach auf längere Sicht. Winkler führt hier den Begriff der „Unlust" ein, die im Verlauf der Rezeption beim Zuschauer steigt oder fällt. Es herrscht eine gewisse Balance zwischen dem „objektiven [Programm]Angebot" und der „aktuelle[n] Subjektivität des Rezipienten" (Winkler, S. 6). Die Differenzen dieses Spannungsfeldes wurden bisher (bei der normalen Rezeption ohne Fernbedienung), durch „Phantasieproduktion" (Winkler, S. 6) ausgeglichen. Wenn das Unlustpotential zu stark war, hatte der Zuschauer keine andere Wahl, als selber geistig tätig zu werden, um sich nicht zu langweilen. Sobald er nun, in den Zeiten der Fernbedienung, Unlust verspürt, so Winkler, beginnt der Rezipient zu switchen.

Um den Prozess der neuen Sinnbildung besser zu verstehen, sieht es Winkler als notwendig an, die Sequenzen, die beim Switchens entstehen, näher zu charakterisieren. Was zeichnet diese kurzen Programmabschnitte aus? Zunächst kann man sagen, dass der Switchende in den meisten Fällen nicht weiß, was ihn nach dem Umschalten erwartet. Es herrscht also ein kurzer Moment der Überraschung. Ein Bild taucht auf, beispielsweise eine Berglandschaft. Im Kopf des Rezipienten finden nun eine Vielzahl von Assoziationsketten statt. Handelt es sich um eine Naturdokumentation, um einen Heimatfilm oder eine Nachrichtensendung? Kurz danach klärt das Programm die Fragen von selbst und engt den Sinngehalt kontextuell ein. Für einen Moment jedoch herrscht laut der Informationstheorie ein „absolutes Maximum der Bildinformation" (Winkler, S. 6). Also ein höchst aktiver, wenn auch unterbewusster Moment für den Rezipienten.

Als weiteres Kennzeichen sieht Winkler den Aspekt der Collagenbildung. Durch das Switchen richten sich Rezipienten bewusst gegen die Autorenintention. Viele Bilder werden in einen Topf geworfen, und es entsteht zwangsweise ein „kohärenter Sinn" (Winkler, S. 7). Winkler sagt, dass in den meisten neuen Kunstrichtungen der „Zufall Eingang in die Signifikationsprozesse" (Winkler, S. 7) gefunden hat. Weiter wird angeführt, dass die Montagetheorie von Bedeutungseffekten spricht, die aus „Mixturen und zufälligen intentionalen Strukturen" (Winkler, S. 7) entstehen. Es findet eine unbewusste Sinnbildung beim Rezipienten statt, selbst, wenn das wache Bewusstsein versucht „die Trennung der unterschiedlichen Inhalte aufrecht zu erhalten" (Winkler, S. 7). In diesem Zusammenhang bezeichnet Winkler die Angebote der Sender als Material. Durch die an sich sinnzerstörende Handlung des Switchens wird der Rezipient dennoch aktiv und erschafft aus dem „Material" neue, andersgeartete Sinnabschnitte. Dies ist natürlich eine rein persönliche Angelegenheit, eine subjektive Erfahrung, die der Rezipient leistet. So hat sicherlich jeder die Erfahrung gemacht, dass Fernsehverhalten mit mehreren Personen anders abläuft als allein. Die „Mikrologie der Rhythmen und [die]

Entscheidungsstrukturen" beim Switchen sind „intersubjektiv" und „nicht übertragbar" (Winkler, S. 7). Das heisst das Switchen ist eine Handlung, die nur subjektiv nachvollzogen werden kann. Nur die eigenen Impulse zum Umschalten werden als akzeptabel empfunden. Jeder hat bzw. entwickelt seinen persönlichen Switchstil. Was ist nun also die Funktion des Umschaltens? Zunächst spricht Winkler vom „ästhetischen Effekt" (Winkler, S. 7). Jeder Rezipient gewinnt aus seiner Rezeptionsweise ein gewisses Maß an Lust. Die „dekontextuierten Bilder" (Winkler, S. 7) werden als angenehm empfunden, da sie keinerlei Normen oder etablierten Bedeutungen zugeordnet werden müssen. Der Adressat entwickelt eine Art Spiel, bei dem er sich von gesellschaftlichen Zwängen lösen kann, ohne mit „Orientierungsängsten bestraft" (Winkler, S. 7) zu werden. Der Rezipient gewinnt einen gewissen Abstand zum Wirkungsanspruch, die das Programm an ihn hat. Die zweite Funktion, die Winkler im Switchen sieht, ist von psychologischer Natur. Der Rezipient versucht, ein Gleichgewicht zwischen äußeren Reizen und seiner eigenen Subjektivität herzustellen. Durch die Kontrolle über die äußeren Reize reguliert er sein inneres Befinden. Winkler spricht bei diesem Vorgang von der Installation einer Tagtraummaschine. Diese ermöglicht es einem Rezipienten, effizient seine Psyche zu reinigen, indem eigene innere Bilder mobilisiert werden (vgl. Winkler, S. 8). In der Destruktion, die dem Switchen anhaftet, sieht Winkler keine Korrektur in der Ungleichheit zwischen dem Verhältnis übermächtiger Sender – hilfloser Empfänger. Trotzdem sieht er die Chance des Rezipienten, sich etwas von der Rolle des reinen Adressaten zu lösen.

4.   Fazit

Diese durchaus realistische Chance muss jedoch in einer Welt, in der das Fernsehen immer wieder für kontroverse Diskussionen sorgt, kritisch betrachtet werden. Ein aktuelles Beispiel:

Mann droht mit Klage wegen Fernsehsucht

08. Jan 2004 12:47

Ein Amerikaner will einen Kabel-TV-Anbieter verklagen, weil er ihn fernsehsüchtig, seine Frau fett und seine Kinder faul gemacht habe. Als Entschädigung fordert er einen kostenlosen Internetzugang.

Ob für Fälle wie diesen Programmdirektoren oder Rezipienten verantwortlich sind, bleibt offen. Medienrezeption bleibt eine subjektive Angelegenheit, und jeder sollte versuchen, im eigenen Interesse so verantwortungsvoll wie möglich damit umzugehen. Dass der Rezipient auf vielfältige Weise aktiv ist, wurde gezeigt. Was daraus jedoch resultiert, ist individuell unterschiedlich und vor allem was das für zukünftige Entwicklungen auf dem riesigen Markt der Medien zur Folge haben wird. Im Zeitalter des digitalen Fernsehens und der Verknüpfung von Fernsehen und Internet bekommt der Rezipient immer mehr Steuerungskomponenten. Dies wird wiederum neue Diskussionen entfachen und neue wissenschaftliche Untersuchungen zum Thema verlangen.

Literatur :

Michael Jäckel: *Wahlfreiheit in der Fernsehnutzung*, Opladen 1996

Michael Jäckel: *Medienwirkungen*, Opladen 1999

Albert Kümmel, Leander Scholz, Eckard Schumacher: *Einführung in die Geschichte der Medien*, Paderborn 2004

Knut Hickethier: *Einführung in die Medienwissenschaft*, Stuttgart 2003

Hartmut Winkler: *Switching: Die Installation der Tagtraummaschine*, Aufsatz in Kirche und Rundfunk Nr. 85 1990

.